글 김종원

인문학 공부를 하면서 말의 중요성을 깨달아 말의 힘과 삶의 지혜를 전하는 책을 쓰고 강연을 합니다. 어린이들이 하루하루 아름답게 살아가길 바라는 마음으로 「김종원의 예쁜 말 시리즈」를 쓰고 있습니다. 쓴 책으로 『나에게 들려주는 예쁜 말』 『서로에게 들려주는 따뜻한 말』 『친구에게 들려주는 씩씩한 말』 『아이에게 들려주는 부모의 예쁜 말 필사 노트』 『부모의 말』 『매일 아침을 여는 1분의 기적』 「어린이를 위한 30일 인문학 글쓰기의 기적 시리즈」 등 100여 권이 있습니다.

그림 나래

대학에서 회화를 전공하고 다양한 방식으로 그림을 그립니다. 일상의 귀여움을 좋아하며, 그림으로 이야기 전달하는 것을 좋아해 그림책을 만들고 있습니다. 그린 책으로 『나에게 들려주는 예쁜 말』 『서로에게 들려주는 따뜻한 말』 『친구에게 들려주는 씩씩한 말』이 있습니다.

김종원의 예쁜 말 시리즈 ④
아침에 들려주는 예쁜 말

1판 1쇄 펴냄 2025년 4월 10일

글 김종원 | **그림** 나래
펴낸이 김병준 · 고세규 | **편집** 김리라 | **디자인** 이소연 · 백소연 | **마케팅** 김유정 · 차현지 · 최은규
펴낸곳 상상아이 | **출판등록** 제313-2010-77호(2010. 3. 11.)
주소 서울시 마포구 독막로6길 11, 우대빌딩 2, 3층
전화 02-6953-7790(편집), 02-6925-4188(영업) | **팩스** 02-6925-4182
전자우편 main@sangsangaca.com | **홈페이지** http://sangsangaca.com

ISBN 979-11-93379-49-3 74810

· KC마크는 이 제품이 공통안전기준에 적합하였음을 뜻합니다.
· 잘못 만들어진 책은 구입하신 서점에서 교환해 드립니다.

상상아이 는 상상아카데미의 그림책 브랜드입니다.

글 김종원 · 그림 나래

상상아이

예쁨 말을 하는

_____ 에게

차례

작가의 말 빛나는 하루를 시작하는 22가지 마법 ✦ 10

해님처럼 하루를 활짝 열어요 ✦ 12
나를 깨우는 마음 청소 ✦ 14
반짝반짝! 기분 좋은 아침 준비 ✦ 16
맛있게 냠냠, 몸도 마음도 튼튼 ✦ 18
신기한 상상이 퐁퐁 ✦ 20

고마움 찾기 놀이 ✦ 22
스스로 해내면 자신감이 쑥쑥! ✦ 24
어제보다 힘센 나 ✦ 26
믿는 대로 될 거야 ✦ 28
뿌듯함이 차곡차곡 ✦ 30
기적을 일으키는 주문 ✦ 32

오늘 해가 뜨면 + 34

하나씩 마음먹기 + 36

내 마음대로 고르는 수프 + 38

처음처럼 다시 시작해요 + 40

어떻게 하면 할 수 있을까? + 42

시간의 주인이 될 거예요 + 44

용기를 주는 매일 아침 10초 + 46

음표 사이를 채우는 노래 + 48

서로의 소중한 보물 + 50

오늘 하루에 제목을 붙인다면 + 52

달님에게 하는 약속 + 54

맺음말 매일 아침 자신에게 들려주세요 + 56

 아침에 들려주는 예쁜 말 선물 + 58

작가의 말

빛나는 하루를 시작하는 22가지 마법

매일 아침 나는 아주 많은 것을
내 마음대로 선택할 수 있어요.

조금 힘들지만 스스로 일어나
이불을 개고 세수를 하면서
누구보다 멋진 하루를 시작할 수 있지요.

늦게 일어나면 하루가 짧아지고,
스스로 움직이지 않으면
꾸짖으며 시키는 말을 들어야 해요.
하지만 나는 그런 하루를 원하지 않아요.

나는 시작이 기적이라는 말을 믿어요.
오늘부터 책에 나오는 22가지 마법으로
하나씩 스스로 멋지게 해내며
어제보다 나은 나를 만들 거예요.

비록 조금씩 자라지만
작은 성장이 하루하루 모이면,
무엇이든 할 수 있는 자신감이 생겨요.
더 큰 나는, 이미 내 안에 있어요.

김종원

해님처럼 하루를 활짝 열어요

"에이, 더 자고 싶었는데!"
"휴, 다시 이불 속으로 들어가고 싶어."

이런 말로 하루를 시작하는 대신
밝고 신나는 말로 하루를 열어요.

"엄마 아빠, 좋은 아침이에요!
어제보다 오늘 더 사랑해요."
"기뻐." "예쁘다." "행복해."

늘 밝고 신나는 말로 하루를 열면
말하는 나도 듣는 부모님도
모두 기분이 좋아져요.

나를 깨우는 마음 청소

깜박깜박 눈을 떴나요?
밤새 굳은 몸과 마음도
멋지게 깨워 봐요.

창문을 열고
상쾌한 아침 공기를 마셔요.

몸을 곧게 펴며
기지개를 활짝 켜면
몸이 기분 좋게 늘어나요.

마음도 한없이 차분해지죠.
나는 이걸 '마음 청소'라고 불러요.

"자, 멋지게 하루를 시작하자.
내 몸과 마음아, 오늘도 잘 부탁해!"

반짝반짝! 기분 좋은 아침 준비

잠이 덜 깨서 조금 귀찮지만
눈을 뜨면 화장실에 가서
양치질과 세수를 깨끗이 해요.

멋지게 하루를 시작하면
내게 맑은 기분을 선물할 수 있어요.

어차피 해야 할 일은 해야 해요.
부모님의 잔소리를 듣지 않으려고
하는 게 아니에요.

"모두 다 나를 위해 하는 일이야."

무엇보다 나 자신을 위해 하는 일이니
스스로 하나씩 해낼 거에요.

맛있게 냠냠, 몸도 마음도 튼튼

과자가 눈에 띌 때마다
모두 먹어 버리는 친구에게 말했어요.

"매일 아침, 밥을 한번 먹어 봐.
대신 딱 기분 좋을 정도로
배부를 때까지 먹어야 해."

이제 친구는 과자를 적게 먹어요.
아침밥을 든든하게 먹으니
배가 별로 고프지 않았거든요.

"나는 아침마다
내 몸을 건강하게 하는 음식을
행복하고 맛있게 즐길 거예요.
그게 나를 아끼는 방법이니까요."

신기한 상상이 퐁퐁

"새는 어떻게 길을 잃지 않고 날까?"
"꽃의 향기는 어디에서 흘러나올까?"

아침에 길을 걸으며
호기심을 갖고 질문하다 보면
신기한 상상이 펼쳐져요.

아침에는 기분까지 상쾌해서
새로운 생각이 퐁퐁 솟아올라요.

배우지 않아도 본 것을 떠올리며,
스스로 하나하나 깨달을 수 있어요.

"나는 매일 아침
주변을 보며 질문하고
상상하는 힘을 키울 거예요."

고마움 찾기 놀이

감사한 마음으로
나를 둘러싼 세상을 바라보면
따스한 햇살과 맑은 공기까지
선물이 아닌 게 없어요.

"오늘도 부모님과 함께해서 감사해요."
"길을 걸으며
수많은 꽃과 구름과 하늘을
볼 수 있어서 감사해요."

우리 주변에는 고마운 일이 참 많아요.
찾기 전에는 잘 보이지 않지요.

하루하루 고마운 것들을 찾아보며
내 삶에 기쁨을 초대해요.

스스로 해내면 자신감이 쑥쑥!

"오늘 꼭 해야 할 일이 뭘까?"
"가장 중요한 것부터 생각해 보자."

나는 아침에 일어나면 책상 앞에 앉아
그날 가장 먼저 꼭 해야 할 일과
그다음에 해야 할 일을 중요한 순서대로
공책에 하나하나 적어요.

하루를 스스로 계획하며 시작하면
가장 중요한 일부터 할 수 있어요.
시간을 좀 더 잘 쓸 수 있고
매일매일 자신이 생겨요.

"오늘은 내가 할 일을 스스로 해내며
멋진 하루를 보낼 거야!"

어제보다 힘센 나

아침에 일어날 때
늦장을 부리지 않아요.

더 자고 싶다는 마음이
오히려 시시하게 느껴지니까요.
늦게 일어나면 내 하루도 그만큼 짧아져요.

아침에 멋지게 일어나기 위해
커다란 힘이 필요한 건 아니지만,
매일 아침에 멋지게 일어나면
어제보다 더 힘센 내가 될 수 있어요.

"매일 아침 해를 바라보며
씩씩하게 일어나면,
게으름이라는 그림자가 사라져요."

오늘은 어떤 일이 기다릴까?

믿는 대로 될 거야

처음 학교에 가는 날
준비물도 많고 걱정도 많아요.
'자기소개는 어떻게 하지? 발표는?'
'좋은 친구들이 많았으면 좋겠어.'

낯선 곳에 갈 때면
때로는 떨리고 무서워요.
하지만 나는 매일 아침
마음이 단단해지는 말을 내게 들려주며
내 마음을 하늘 높이 키울 거예요.

"내가 진심을 보여 주면,
모두가 내 마음을 알아줄 거야."
"떨 필요는 없어. 믿는 대로 될 테니까."

뿌듯함이 차곡차곡

밤새 따뜻이 덮었던 고마운 이불을
아침에 일어나 곱게 개어 두니
무언가를 해냈다는 뿌듯한 마음이 들어요.

"내가 밤새 덮고 잔 이불은
내가 스스로 개는 게 당연해요."

덮었던 이불을 정돈하며
하루를 차분히 시작하면
책임감도 쑥쑥,
주변 사람들의 믿음도 커져요.

이불을 개는 것은
더 큰 사람으로 자라는
하루의 시작이에요.

기적을 일으키는 주문

매일 아침에 일어나
해야 할 일이 있다는 것은
귀찮은 게 아니라 기쁜 일이에요.
희망으로 기쁘게 시작해야
과정도 좋고 끝도 좋아요.

"오늘도 나는 뭐든 할 수 있어요.
할 수 있다는 생각으로 하루를 채울 거예요."

철학자 괴테도 이렇게 말했어요.
"할 수 있다고 생각하고 하루를 시작하면,
생각하지도 못했던 기적이 일어나요."

하루의 시작인 아침을
할 수 있다는 생각으로 채우면,
저녁에는 더 큰 나를 만날 수 있어요.

오늘 해가 뜨면

간혹 밖에서 물건을 잃어버리거나,
준비물을 깜빡해서
부끄러웠던 기억이 자꾸 생각나요.
하지만 어제 했던 실수는
어젯밤에 이미 끝이 났어요.

"오늘 나는
새롭게 시작할 거예요.
해가 뜨면
다시 기회가 생기니까요."

어제와 오늘은 완전히 다른 날이에요.
어제 한 실수로 오늘까지 실망하거나
나를 탓할 필요는 없어요.

오늘 좀 더 잘하면 돼요.
그러면 매일 조금씩 더 잘 해낼 수 있어요.

하나씩 마음먹기

"어떡하지.
방 정리를 해야 하는데 하기 싫어.
안 하면 혼이 날 텐데 걱정이야."

할 일이 많을 땐 걱정이 돼요.
더 하기 싫고, 미루고만 싶어요.

하지만 좋은 방법이 하나 있어요.
한 번에 하나만 생각해요.

딱 하나만 하자고 마음먹고
그것부터 해 보아요.

하나씩 하다 보면
어느새 해낸 일이 많아져요.
해야 할 일도, 걱정도 사라진답니다.

내 마음대로 고르는 수프

수프는 무엇을 넣느냐에 따라 맛이 달라져요.
감자를 넣으면 고소한 감자수프,
체리를 넣으면 새콤한 체리수프가 되지요.

내 기분도 오늘 하루를
어떤 생각으로 시작하느냐에 따라 달라져요.

"오늘은 체리수프처럼
새콤달콤하게 시작할래."
"난 우울한 기분은 싫어.
따뜻한 기분을 골라야지."

내 기분은 내가 스스로 고르는 거예요.
누가 대신 골라 주지 않죠.
매일 아침 내가 내린 선택이
그날 하루의 기분을 결정해요.

처음처럼 다시 시작해요

우리는 수많은 약속을 해요.
나 자신과 하는 약속도 많아요.
'아침에 스스로 일어나야지.'
'오늘은 숙제를 미리 하고 놀 거야.'

그런데 한 번 약속을 지키지 못하니까
자꾸 마음이 흔들려서 포기하고 싶어요.

하지만 아침에 스스로 일어나는 일과
놀기보다 숙제를 미리 하는 건 원래 어려워요.
그렇다고 아예 포기하는 건,
지혜로운 선택이 아니에요.

"난 처음처럼 다시 시작할 거야."

다시 시작한 사람에게는,
실패라는 손님이 찾아오지 않아요.

어떻게 하면 할 수 있을까?

날지 못하는 새 한 마리가 있었어요.
'나는 왜 날지 못할까?'

어느 날 세찬 바람에
새가 아래로 떨어졌어요.
그런데 놀랍게도 떨어지는 순간,
새가 날았어요.

갑자기 어떻게 된 걸까요?
떨어지는 그 순간
새는 자신에게 이런 말을 했어요.
'어떻게 하면 날 수 있을까?'

매일 아침 세 번 외치며 하루를 시작해요.
"어떻게 하면 할 수 있을까?"
나도 무엇이든 멋지게 해낼 수 있어요.

시간의 주인이 될 거예요

아침에 딱 10분이라도
책상 앞에 앉아 책을 읽어요.
낱말 하나를 외울 수도 있고
새로운 책 표지를 보며
상상할 수도 있어요.

결코 사소한 시간이 아니에요.
공부는 조금씩 쌓아가는 거니까요.
1분 1초 매 순간이 소중해요.

"나는 내 시간의 주인이 되어
하루를 넉넉하게 쓸 거예요."

시간을 잘 쓰는 습관을 들이면
무엇이든 해낼 수 있어요.

용기를 주는 매일 아침 10초

매일 아침
딱 10초만 시간을 내어
거울 앞에서 활짝 웃어 봐요.

처음에는 익숙하지 않아서
웃는 모습이 어색할 수 있어요.

하지만 나에게 용기를 주며
힘을 불어넣으면
점점 웃는 게 익숙해져요.

"자꾸 웃으면 마음이 예뻐지고,
마음이 예뻐지면 웃을 일만 생겨요."

거울 앞에서 하루를 웃으며 시작하면,
그날 하루는 좋은 소식만 가득해져요.

음표 사이를 채우는 노래

나에게 한번 물어보아요.
"지금 듣고 싶은 노래가 있니?
오늘 하루는 그 노래로 시작하자."

노래를 따라 부르는 것도 좋지만
노랫말 없는 노래를 듣는 것도 좋아요.

나의 선택으로 하루를 채워 가듯이
내 생각으로 음표 사이를
채울 수 있으니까요.

음악이 들려주는 풍경을
자유롭게 머릿속으로 그리며
오늘 하루도 예쁘게 보내요.

서로의 소중한 보물

아침마다 부모님 품에 안겨서 말해요.
"엄마, 아빠 사랑해요."

어쩌면 우리 부모님은
그렇게 보고 또 봐도
매일 더 멋지고 사랑스러울까요?

보고 또 봐도 좋고,
안고 또 안아도 좋습니다.
우리는 서로의 소중한 보물이에요.

사랑은 느끼는 그 순간
바로바로 말을 해야 알 수 있지요.

아침에 일어나 따스한 눈으로
서로를 마주 보며 사랑을 전해요.

오늘 하루에 제목을 붙인다면

책마다 이야기에 맞는 제목이 있어요.
우리가 보내는 하루도
그날에 맞는 제목을 붙일 수 있어요.

그냥 하루를 보내면 지루하고 밋밋하지만,
제목을 붙이면 좀 더 소중해져요.

"오늘 하루에 제목을 붙인다면,
뭐라고 하는 게 좋을까?
어떤 제목을 붙이면 더 힘이 날까?"

강아지에게 이름을 지어 주면
더 소중해지듯이
내가 보낸 하루에 제목을 짓고 나면,
오늘 내가 보낸 시간이
더 사랑스럽고 행복해져요.

달님에게 하는 약속

부모님이 깨울 때
잘 일어나고 싶은데
눈꺼풀이 무거워요.
이럴 때는 어떻게 하지요?

전날 충분히 잠을 자면
계획한 시간에 일어날 수 있어요.

잠들기 전 밤하늘을 바라보아요.
활짝 웃는 달님을 보며
다짐해 보아요.

"내일 아침에는 일찍 일어나서,
내가 먼저 해님에게
밝은 웃음을 전해 줄 거예요."

맺음말

매일 아침 자신에게 들려주세요

모두가 아침을 맞이하지만,
모두가 같은 아침을 보내는 건 아니에요.

앞에서 소개한 마법의 말을
큰 소리로 자신에게 들려주면서
여러분의 습관으로 만들 수 있다면
그 하루는 다른 하루와 다를 거예요.

사소한 것들이라고 생각할 수도 있어요.
하지만 그 사소한 것들이 모여서
하루가 단단하게 완성되고,
마침내 아름다운 풍경화로 남아요.

매일 아침 눈을 마주치는 부모님께
밝은 목소리로 따스한 말을 들려주어요.
"엄마 아빠, 예쁜 하루 보내세요."

나 자신에게도
행운이 깃든 말을 들려주어요.
"오늘도 즐거운 하루가 될 거야."

오늘 하루 만나는 사람들과
나에게 들려주는 멋진 한마디로,
세상에서 가장 행복한 하루를
보내길 바랄게요.

아침에 들려주는 예쁜 말 선물

활짝 열린 창문으로 꽃잎처럼 예쁜 말이 쏟아져 들어와요.
어떤 말이 나를 깨울까요? 나를 응원하는 말을 적어 보세요.
내가 듣고 싶은 말을 적어도 좋아요.

가족과 친구, 선생님처럼 하루 동안 만나는 주변 사람들에게
아침에 어떤 말을 전하면 좋을까요?
누구에게 어떤 말을 전할지, 소중한 마음을 담아 적어 보세요.

엄마, 아빠
어제보다 오늘 더
사랑해요!

*부모님께 도움을 받아 테두리를 잘라서 선물해도 좋아요.

활짝 웃는 해님을 보며 꽃과 친구들이 깨어나요.
아침을 환하게 맞이하는 모습을 색칠해 보세요.

아침에 일어나면 어떤 일부터 하나요?

아침에 해야 할 일을 떠올려 보고, 순서대로 적어 보세요.

*뒤죽박죽 섞인 예시를 참고해 적어 보세요.

- 일어나서 기지개를 켜요.
- 맛있는 아침밥을 먹어요.
- 가방을 챙겨요.
- 아침 인사를 건네요.
- 이를 닦아요.
- 세수를 해요.
- 옷을 갈아입어요.
- 준비물을 챙겨요.

아침에 나는 이렇게 시작해요!

1.
2.
3.
4.
5.
6.
7.
8.
9.
10.